SANATORIO

Francisco Javier Guerrero

SANATORIO

RENACIMIENTO
XXXVIII PREMIO TIFLOS

La presente obra ha ganado el XXXVIII PREMIO TIFLOS DE POESÍA, convocado por la ONCE, otorgado por un jurado presidido por D. Andrés Ramos Vázquez, vicepresidido por D. Ángel Luis Gómez Blázquez y D.ª Imelda Fernández Rodríguez, y compuesto por D. Luis Mateo Díez Rodríguez, D. Luis Alberto de Cuenca Prado, D. Manuel Longares Alonso, D.ª Fanny Rubio Gámez, D.ª María Ángeles Pérez López, D. Ángel Basanta Folgueira, D.ª Care Santos Torres, D. Santos Sanz Villanueva, D. Ángel Luis Prieto de Paula, D.ª Pilar Adón, D. José Ovejero Lafarga, D.ª Aurora Luque Ortiz, D.ª Penélope Acero Cayuela, D.ª Christina Linares del Castillo-Valero, D.ª Laia Salvat Rius y D. Francisco José Maldonado Aguilar, en su calidad de secretario del jurado.

www.editorialrenacimiento.com

POLÍGONO NAVE EXPO, 17 • 41907 VALENCINA DE LA CONCEPCIÓN (SEVILLA)
tel.: (+34) 955998232 • editorial@editorialrenacimiento.com

Diseño de cubierta: Equipo Renacimiento

DEPÓSITO LEGAL: SE 841-2025 • ISBN: 979-13-87552-65-7
Impreso en España • Printed in Spain

A los que sufren

«Aquello cuya existencia es necesaria
debe ser necesariamente una esencia».

AVICENA

«Quien sabe de dolor, todo lo sabe».

DANTE ALIGHIERI

SANATORIO

EL edificio tiene la forma de una cruz
y un vínculo robusto, por lo tanto,
con la solemnidad.
Acepta la noción de alguna providencia,
hasta el punto de que
sitúa lo fugaz en lo imperecedero.
Es la insignia mejor estructurada
de falsa certidumbre; de calma, de ilusión.
Aunque también encierra la herejía.

Si traspasas la puerta principal,
sus pasillos redondos
te impiden escapar del laberinto;
la mirada sucumbe
al cansancio amarillo de las expectativas.
Hay tantos resignados bajo tierra
que da pena pensar.
Estoicos invisibles encerrados en sótanos.
No buscan un porqué.
Aprecian sus virtudes desde la conjetura.
Las intuyen como corazonadas;

sospechas que confluyen en las habitaciones
donde se manifiestan los espíritus.

El sanatorio es un espacio místico.
Detenta una cultura periférica.
Consuma el objetivo de equidad.
Lo que se dice aquí se queda para siempre,
coloquio o monosílabo,
pues conserva el lenguaje de los antiguos templos.
Con todos sus temores, sus presagios.
Sus posibilidades.
Se parece a la vida.
O a la inseguridad de quien espera.

I

LAS BESTIAS

LAS BESTIAS

PROZAC

Empezar significa disfrazarse,
por más que tu apellido se exponga en una chapa
o enseñes las encías a unos desconocidos.

Es difícil saber de qué se ríe uno
cuando alguien te suplica compasión
y tú le das a cambio un antidepresivo.

UN PÁJARO

Hay alguien que me dice la verdad.
Lo detecto en el tono de su voz
y en los nombres que elige.
Ninguna enfermedad debe tener seudónimo.
Sobre todo al principio,
cuando el cuerpo sucumbe
y la mente se licua en un té de recelo
tan cobrizo y amargo.
Mejor decir las cosas por su nombre.
Yo conozco los términos,
pero no soy capaz
de llamar de otro modo
al pájaro que habita en mi cabeza.

¿Por qué vuelve el dolor antiguo de las cosas
una noche cualquiera, ese dolor, el mismo,
que se aloja en la piel, no, más adentro, más
oscuro, cuando giro mi cabeza en la almohada
y recuerdo, tal vez, que no he tomado la
medicación o no he besado a mis hijos
o le sujeté un brazo con demasiada furia
aquella tarde de primavera en el parque,
sobre las siete y cuarto, las siete y dieciocho,
ese dolor violeta, por qué vuelve si no
fue para tanto, si ni siquiera se acuerda
y la marca, la marca, apenas resistió
dos días o tres o cuatro o una semana
o un mes o dos o un año o toda nuestra vida?

METÁSTASIS

En la radiografía hay una mancha.
Parece un lago oscuro en el mar del pulmón.
Esa forma difusa
me recuerda al pantano donde iba con los niños.
Sus bordes deslizantes lacrados con matojos,
sus raíces aéreas guardando a los anfibios.
La mancha está alojada detrás de los manglares,
aquellos huesos curvos que protegen la vida.
En sus puntas se posan las orugas.
Algunas no consiguen mantener
el equilibrio y caen.
Se agitan a través de las arterias.
Toman los alveolos como premoniciones.

Miro la mancha, su profundidad.
No fueron esos días tan felices.
Ahora entiendo por qué
arrojábamos piedras contra el agua.

LA INVASIÓN

AL cuerpo lo hace grande cualquier enfermedad.
Una simple infección en la garganta
convierte las amígdalas
en un vasto jardín de suculentas.
Y no es solo el dolor lo que transforma,
lo que aumenta el tejido
por encima de la objetividad.
También es la consciencia,
esa cruel charlatana de juicio barbitúrico
que le roba la luz al desahogo.
Saber que los bichitos
han traspasado el ganglio centinela,
multiplica por mil
la extensión afectada de la piel,
del pulmón,
                    del estómago,
aunque el hueso perfile la epidermis
como un bulto debajo de las sábanas.
Lo que crece por dentro reduce el exterior.
Así vamos menguando en apariencia:
los brazos caben en

el círculo que crean el pulgar
y el índice al juntarse;
los ojos se nos salen de las órbitas;
el cuello se consume
dentro de una corriente subterránea
–por alguna razón
me recuerda a una cavidad arbórea–.
Mientras tanto las venas se dilatan,
el hígado se dobla,
la cabeza se vuelve inabarcable,
tiene que conquistar otros espacios:
el resto de la cáscara,
una envoltura que se oculta bajo tierra
para que el ser invada el infinito.

RÉQUIEM POR UN SUEÑO

La cápsula amarilla me hace sentir mejor.
No encuentro otra manera de habitar este mundo.
Las deudas con mi cuerpo se diluyen;
mi propio cuerpo cambia.
De nuevo puedo estar dentro de mi uniforme,
cerrar la cremallera sin retorcer las vísceras.

Mi uniforme amarillo.
La cápsula amarilla.
No puede ser una casualidad.

Me sentaba tan bien ese uniforme.
Se adaptaba a mi cuerpo como un guante,
armonizaba con el color de mi piel.

Ahora estoy muy pálido.
Me duele la columna, las caderas.
Y algo sigue creciendo debajo de mi vientre;
algo que me da mucho miedo, porque

crecer –¿desarrollarse?–
no siempre resulta beneficioso.

Por suerte está la cápsula amarilla.
La tomo las mañanas,
                                            las tardes y las noches.
Para poder viajar a aquella época
de ausencia de dolor;

de trajes amarillos,
                                            impolutos,

que se vuelven granates
y encojen en cuanto pasa el efecto.

DESAPEGO

Un día a la semana descanso algunas horas.
Imagino que no vuelvo jamás;
que mi vida es la blanca ortografía
de un bosque de cerezos:

                          inmaculada y mítica.

Sobre la suave hierba de este edén
los potros trashumantes galopan sin espuelas.
Aquí no llega el viejo diluvio de las crónicas
ni sangran las rodillas delante de los símbolos.
Podría resistir si quisiera; quedarme.
Pero vuelvo a mis hábitos de ventanas sin luna.
No por un tiempo digno que no acaba,
por lo desarrollado
o por mi reclusión convertida en esquina;
sino porque no hay otra
manera más feroz de distanciarme.

ESTADOS

No tenemos las fotos de los llantos.
Esas noches en vela como despeñaderos,
un golpe penitente,
                              el necesario alcohol.
No están en ningún álbum.
Se disfrazan con filtros de Instagram
todos los ansiolíticos.
Cambiamos las ojeras por orejas de perro.
Y nos vemos arder en falsa desmemoria.
La angustia, ¿dónde está? La incertidumbre
no la veo en las *stories*.
Esa vez que tuvimos que pulsar el botón
para luego salir corriendo a urgencias.
No hay nadie que comente esos recuerdos, porque
no están en los estados.
                              Pero existen.

HIJO

Llevábamos al niño de la mano;
no sabíamos hacer otra cosa.
Era nuestro deber
y una forma pequeña de reconocimiento.
Nos había dado el don de cantar
a oscuras su alborada.
Su edad irreversible, contra todo pronóstico,
mezclaba los colores más intensos
con tonos desvaídos
en una habitación con ojitos de pez.
Pero éramos nosotros el océano.
Nadie nos preparó para esa noche.
Ni para respirar por debajo del agua.

CICATRICES

El cuerpo es un poema
sobre el que se consuman sacrificios.
Puede que la verdad esté en las cicatrices.
Son huellas que no mienten;
señales lapidarias
que poseen un aroma acre y demostrativo.
La piel ignora su razón, pero desvela
cierta pedagogía; traduce las parábolas
que se cuentan en un idioma extraño.
No hace falta decir
que son de una belleza insoportable.
La carne zozobrada,
tejida con dolor, tachada en púrpura,
se encoje en ella misma como un gato asustado,
para demostrar que
después de cualquier ruido siempre queda el silencio.
Una calma elocuente, categórica,
que nunca se detiene a preguntar
si anochece en su tierra.

LA TOS

Una tos al final de mi pasillo.
Es todo lo que sé; un carraspeo asmático.

Yo estoy al otro lado de la puerta,
descifrado en mi sombra,
transformado con mitos y condenas.

Esa tos. ¿Quién será? No puedo distinguirlo.
Podría ser mi padre o el humo de un incendio,
porque no estoy seguro del ruido del vapor
ni de nada. Esa tos
podría ser un hito, una señal. ¿Qué indica?

Parece una mujer, parezco yo.
Pero yo estoy aquí.
No puedo ser el otro.

Esa tos es un síntoma. ¿De qué?
¿Acaso de estar vivo?
Estar. No estar. Vivir. ¿Qué significa?
¿Se podría probar la inexistencia?

Lo tengo comprobado:
si me callo, la tos se escucha con más fuerza.
Así que alzo la voz igual que un trino.

Mi palabra no alcanza el horizonte.

El silencio se adueña del hogar.
Y me sube un picor por la garganta.

TENTATIVA

A veces no me tomo las pastillas
para vivir con los cordones desatados.
Que todos piensen que he hecho mi labor
sin demasiado esfuerzo.
Y paso por el ojo de la aguja
como un cometa ardiendo en el diván.
Entonces las rutinas se vuelven un peligro.
Los ascensores no terminan de subir,
se quedan atascados en un rincón del aire.
Casi siempre es de noche y tengo miedo.
Por eso necesito regresar a los fármacos,
a la seguridad de los patíbulos;
volver a las mentiras de salón
que encierran a la bestia en una jaula.
Aunque sé que los barrotes son blandos
y ella tiene la llave.

HOSPITAL DE CAMPAÑA

Nos llega otro paciente. Es un infarto.
Abridle la camisa y preparad
el desfibrilador. No hay tiempo que perder.
Ni siquiera un segundo.
Mirad en su cartera, en los bolsillos.
Debajo de la ropa.
Tenemos que saber todo lo que podamos.
Su nombre, sus lecturas. Preguntad
a los acompañantes o a algún contacto del
móvil. Cualquier detalle es significativo.
Dónde vive, la edad: día, mes y año
de nacimiento, hay que
ser escrupuloso en esta cuestión.
Si ayuda a los demás. Y cómo lo hace.
El color de. Las cosas que. Bueno, ya sabéis.
Si tiene gato o perro o algún otro animal.
Su almuerzo favorito.
Si escribe poesía. Si tiene algún *tattoo*.
Hay que saberlo todo. Definitivamente.
Que vienen muchos. Que ya no nos quedan camas.
Y habrá que decidir con quién utilizamos
nuestro respirador.

BUENAS NOCHES, DOLOR

Buenas noches, dolor.
Por hoy ya es suficiente.
Permíteme un respiro.

Si sigues masticando
mi garganta y mis ojos,
esta noche tan limpia,
con tus dientes de luna,
mañana no podremos convivir.
Porque no habrá mañana.
Y eso no es lo que quieres.
Te conozco, dolor.
Llevamos demasiado tiempo juntos.
Mis manos son las tuyas,
yo soy tu cifra par
en este suceder de unos y ceros.

Ahora me darás un pequeño descanso
—solo de esta manera puedes eternizarte—
y yo me dormiré con la esperanza
de ser yo solo, como antiguamente
era sin ti, a pesar de tus revelaciones.

Gracias, dolor, por esta breve tregua.
Por dejarme escribir para nombrarte
en medio de un aliento que se extingue.
Esa luz es mi roca,
mi bálsamo y mi verbo de afónico latido.
Ya sé que volverás.
Porque sueñas despierto junto a mí.
Y sonríes al ver que casi es otro día.

JUVENTUD

Ayúdame a matar a nuestro padre, hermano.
No quiero convivir bajo su alzhéimer.
El eco intestinal de su voz vomitada
es solo un juego, ¿no?
Es solo una respuesta
posible del futuro; una canción
amarga, una semilla mineral.

Visitemos las ruinas,
                        son las ruinas, hermano.
Ayúdame a romper las viejas estructuras.
A hacerlas mil pedazos, que no nos quede nada.

Solo un adolescente diciendo tonterías.

ETERNO RETORNO

EMPEZARÉ de nuevo.
Ya me has visto otras veces salir del ataúd
con los zapatos limpios y una flor en la boca,
andando por la calle sin rastro de la muerte.
Porque la fe es pequeña.
Pero la compasión;
                    las ganas de;
el desconocimiento.
No hay nada más humano.
Renacer cada lunes como si cada instante,
como si cada sol me partiera los ojos.
Para escuchar la luz.

Y comenzar de nuevo.

VENCIMIENTO

Ya no quiero luchar
si tengo que ceder el territorio
                    obligatoriamente;
ni pronunciar la lágrima
como una salvación que se desploma.
No soy Santa Teresa
escribiendo a la luz de los candiles:
                    mi Dios es desengaño.
No tenía previsto un léxico de pérdidas.

Me marcho poco a poco y resignado
mientras cambia el color de mis extremidades.

II

PERTURBACIONES

PERIFERIA

ME gusta pasear por los alrededores.
Sentir la gravedad del sanatorio;
ese tirón que ejerce
la masa de su núcleo sobre mí.
Así que no me alejo demasiado.
Recorro su perímetro sin tiempo
y desplazo los límites
para encontrarme con las razones exactas.

Me muevo estáticamente,
                              despojado de todo,
girando en un zoótropo de ladrillo y asfalto.
Farolas, avenidas y edificios
se manifiestan como golpes secos
dentro de mi conciencia.
Consolidan el aire circundante y le dan
un respiro a la vida.

Sé que debo volver.
Pero doy otra vuelta.
E imagino leyendas de fantasmas

como una providencia que sabe que envejece;
desdoblado y distinto.
No opongo resistencia,
porque sé que algún día yo seré como ellos.

PASEO

CAMINAR para ver. Una ventana. Inmóvil.
Caminar para ver una ventana. Inmóvil.
Caminar para ver una ventana inmóvil.
Caminar. Para ver una ventana. Inmóvil.

¿De qué hablan estos versos que hablan de caminar?
¿De qué hablan estos versos que hablan de detenerse?
¿De qué hablan estos versos de ventanas?
¿De qué hablan estos versos que me miran?

A GHOST STORY

Mis noches son un pueblo abandonado
que guarda vivo el aire de los cristales rotos.
A veces me pregunto cómo he llegado aquí,
tan atado a los ojos de la niebla.
No tengo más remedio que aceptar
el lastre del silencio enganchado a mi espalda.
Por eso mi columna está torcida
y ya no soy capaz de andar derecho.
Ni siquiera al pasar bajo tu casa. Ahora.
Porque aún es la tuya.
Perdona por volver sin avisarte,
pero a lo lejos vi tu ventana encendida.

LA HABITACIÓN

Hay una habitación al final del pasillo.
Está cerrada pero se intuye el interior:
las paredes blanquísimas,
el pomo de la puerta desgastado,
una cama vacía y sin arrugas porque
el último inquilino ya se fue.
Se han quedado los ecos, nada más,
de las salpicaduras,
las manchas invisibles en un suelo impoluto;
algunas cicatrices
embozadas en relatividad.
Me recuerdan al cuarto de mi infancia,
mi paso derretido por el mundo.
El niño que habitó esas cuatro paredes
me cuenta las historias que olvidé.
Desempolva mañanas de domingo
con el sol masticado por una celosía;
me devuelve lecturas, abriles y susurros;
y deja un sedimento
pesado como el ruido de cadenas.

SALA DE ESPERA

El runrún se introduce en los espacios
vacíos de la duda, sin idioma,
mientras corren los números igual
que ratas paralíticas.
Todos los cuerpos pasan,
obligatoriamente, por un ojo de aguja.
Las sillas desgastadas no pueden observar
dónde están los zapatos, porque aquí
lo importante es el turno.
Aunque no siempre los
que llegan antes se van los primeros.
Hay quien se perpetúa.
Algunos no se mueven de su sitio,
parecen, en el fondo, fortalezas en ruinas.
Y otros se marchan casi sin haberse sentado,
atraviesan de largo la caverna.
Es un vaivén confuso.
Una lógica oscura de perentoriedad.
Una respiración, al fin y al cabo,
que solo puede interrumpir un nombre.

ORACIÓN

PADRE nuestro que estás en las habitaciones
esperando que llegue algún milagro,
apiádate de ti.
Ya sabemos que no has podido hacer nada.
Pero nunca te rindes y te empeñas,
sin un diazepam que echarte a la boca,
en darnos algún tipo de esperanza.
¿Cómo puedes hacerlo?
Todos nos damos cuenta de tu debilidad;
y nos compadecemos.
Debes de estar cansado, sentirte diminuto.
Hemos visto tu cuerpo en tinta, en tez, en trama,
salpicado de muerte;
las costillas sangrando, las palabras partidas.
¿Quién te socorre a ti?
Tendrías que encontrar un redentor,
entre grandes maderos, que te auxilie.

No se puede ser Dios sin ser salvado.

CUANDO LA LUZ SE PARA

La luz se ha detenido
con un leve destello plateado;
una explosión ingrávida que flota
en un mar de versículos salvajes.
Ninguno vale ya.
No rebotan en nada.
Ahora todo ocurre en un cuarto sin sombras.
El vacío del techo garantiza al paciente
un paraíso de fuego constante.
Porque siempre es de día.
Y todas las palabras están en el papel.
No solo tratamientos,
                              condolencias.
También la evocación.
Si la luz no se mueve, no existe la memoria.
Solo torpes registros
como caducos soles subyugados.

THERE, THERE

Tanto lo imaginamos que se hizo realidad
—aunque nunca naciera—.
Podíamos oler sus dedos transparentes
después de acariciar alguna flor;
sentir su llanto enérgico y todos los latidos.
Tenía el pelo rubio, los pies grandes,
las mejillas isósceles como las del abuelo.
Traducía a los pájaros, jugaba con la lluvia.
Era un niño normal; fuerte, gracioso,
más puro que un abrazo. En su rostro de tigre
brillaba la inocencia de los dioses.
Concebimos hasta el último gesto:
contemplaba a los gatos con asombro
y el revés de la tierra
sin tiempo por detrás ni por delante.
Y qué bien resonaba su nombre en nuestras bocas.
Lo calculamos todo excepto el miedo;
la angustia por la pérdida
que lleva incorporada cualquier vástago.
Cuando nos dimos cuenta el mundo se quebró.
No nos imaginamos la herida que causaba
la pérdida de un hijo no nacido.

EL PATRÓN –LA CASTA–

Si no tienes dinero es tu problema.
Si no puedes pagar la operación
busca otra alternativa:
come menos azúcar
o reza un padrenuestro al acostarte.
Yo no tengo la culpa de tu fatalidad.
La tierra estaba aquí cuando llegamos.
Y, en esencia, tú y yo somos lo mismo.
Si existe algo distinto está en la sangre.
La mínima ventaja de ser un descendiente
del Señor de los Justos.

AUTOINMUNE

Cuando es tu propio cuerpo el que te ataca,
no hay nada que la ciencia pueda hacer
para reconfortarte.
Ponerle acaso nombre a las heridas
o a la sangre en las heces
sin un fin específico.
Porque el epitelio volverá a abrirse.

Así que buscas una
segunda
        o tercera
                  o cuarta opinión,
hasta que te refugias en la fe.
Pero tampoco existe un Dios tan efectivo.

Solo puedes mirar por la ventana
y esperar que alguien llore al otro lado.

ÚLTIMAS PALABRAS

Antes de que suceda,
resultan evidentes las cosas que debemos
decir al moribundo.
Obliga la decencia.
La verdad y el honor no se discuten.
Por esa razón nunca
tenemos que ocultar el desenlace.

Aunque luego te dicen:
«le quedan cuatro días»,
y empiezan a salir de tu boca los pétalos
de una flor deshojada:
mentiras
      y mentiras
           y mentiras:
que *vas a mejorar*;
que *es una mala racha*;
que *en una semanita estarás bien*.

Porque en el fondo quieres, cuando llegue el momento,
que te digan lo mismo.

UMBRAL

La puerta de una casa es la frontera
entre la libertad y el pensamiento.
Bajo el dintel intuyo el color de la duda
luciendo en el contorno de otra calle.
Es difícil saber el curso de las cosas,
sobre todo si el suelo contiene una señal
improbable de Dios en el asfalto.
La reverberación del disimulo,
de los hondos misterios que atraviesan
la luz como un arroyo sin desembocadura.
Algún coche salpica la avenida,
deja un rastro de coma. El mundo sigue
por más que el horizonte se disfrace de hoguera.

LOS NORMALES

No sé si habéis oído hablar de los normales.
Un grupo pintoresco
y cada vez más amplio de personas.
Apenas hacen ruido,
pero sus voces silban en las calles
con la fuerza de un látigo.
Por la noche declaman
esos libros ingenuos que no pesan.
Son expertos tahúres
reclinados en cómodos divanes de teflón.
Consumados fuleros.
Evidentes y lógicos.
Si algo destaca en ellos es su normalidad.
Y sus arias morales.
Entonan aleluyas sobre charcos de aceite,
con todo el universo ceñido a sus cinturas.
Activos. Optimistas.
Se enfrentan al dolor con camisetas,
repletos de esperanza transparente.
En raras ocasiones hablan del más allá.
Ni, en general, de cosas elevadas.
Carecen de ese hábito.

Puede, incluso, que no hayan sido siempre normales.
Es difícil saberlo.
Aunque hay algunas pistas.
Con ellas envejecen las ideas
y se estiran las dudas.
                        Porque todos
los normales también dejan de serlo.
Aceptan los enigmas, las masacres,
las víboras y las resurrecciones,
desplegando burbujas y agujeros
en silenciosa desesperación.

APUNTES

La gente de mi edad
apunta con el lápiz lo importante,
sin casi hacer presión sobre el papel.
Como si un trazo débil fuera incapaz de herir.
Y eso no es lo que pasa.

No se puede borrar el cáncer con la goma.
Porque el folio se queda señalado
—aunque nadie lo vea—.
Las miradas también son carboncillo,
los diagnósticos
                              y los tratamientos.

Con tinta solo se escribe el dolor.
El resto son apuntes.

VAPOR

Un sol inolvidable se extravía
antes de amanecer.

El presente es un mero decorado
donde se disimulan las respuestas.

No sé lo que será
el bulto que se eleva debajo de la sábana.
Podría ser un cuerpo.

Con qué facilidad desaparece
todo lo que deslumbra.

Por suerte está el vapor que descubre promesas
en el espejo del cuarto de baño.

LA PÉRDIDA

De pronto ves un hueco en la conversación.
Más real que la piel; más indudable.
Crece como el vacío en épocas de guerra.
No sabes qué decir.
Ese silencio es todo
lo que hay entre una flecha y el centro de la diana.
Un pez negro en el fondo del embalse
o un niño estupefacto igual que el hielo.
Su boca es ese pozo que crece y crece. Y crece.
Hablar entonces se convierte en amenaza.
Cruzas los dedos, miras hacia arriba.
Procuras inventar alguna solución:
describir con los ojos un refugio
que no existe, decir una frase hecha.
Pero nada funciona.
Nada tiene sentido.
Porque sabes que el fallo está en la lengua.
Y tú eres responsable del naufragio
de algún verbo fantasma.

PERSEIDAS

Un trozo de universo que enloquece
en una habitación sin puertas ni ventanas,
preámbulo de moscas inmortales.
Qué bellas son sus alas sin destino.
El crujir de paredes.
La música de Mozart.
Hay un suelo sangrante y yo me muerdo
las uñas. El naufragio me conduce
a la inmovilidad. Antes me fui bebiendo
el zumo de otra boca; fui libando
la sensación de mar —su huella—
cuando puse las manos en la cama,
para ser todo el hueco de este mundo.
Toda la oscuridad describiendo una suave
cerradura, una llama presa del fuego antiguo.
Deshojar el silencio poco a poco,
tan lento que el futuro quede atrás.
Como un caballo mítico sin dueño,
casi aire o idea, apenas el prodigio
gastado de la sombra azul de mi niñez.

AGRADECIMIENTOS

A Joaquín Pérez Azaústre, Antonio Praena y Francisco Onieva, por acompañarme desde el principio. A Noelia Illán y Esther Peñas, por la luz.

Sin las lecturas y el empuje de Francisco López Serrano, José García Obrero, Pilar Sanabria, Susana Noeda, Manuel Gahete, Jesús Peña y Pablo García Casado, *Sanatorio* no existiría tal y como es.

Sin el amor de mi familia y amigos, ni siquiera existiría.

ÍNDICE

II
PERTURBACIONES

Sanatorio,
de FRANCISCO JAVIER GUERRERO,
XXXVIII Premio Tiflos de Poesía,
salió de la imprenta el
30 de abril de
2025